Buenos días, mundo!
Un dia en la vida de niños de todo el mundo

Dirección colección: Santi Bolíbar
Traducción: Fina Marfà
Coordinación producción: Elisa Sarsanedas

Publicado por primera vez en Gran Bretaña el 1999 por Frances
Lincoln Limited,
4 Torriano Mews, Torriano Avenue, Londres NW5 2RZ

© *Wake up, World! A Day in the Life of Children Araound the World*,
versión inglesa, 1999, Frances Lincoln Limited, Gran Bretaña.
© autoría Beatrice Hollyer
© fotografías Diane Lilley
© versión castellana
INTERMÓN OXFAM, Roger de Llúria, 15. 08010 Barcelona
Tel 93 482 07 00 - Fax 93 482 07 07
e-mail: intermon@intermon.org

ISBN: 84-8452-122-2
Impreso en Hong Kong

Queremos agradecer a todos los niños que participaron en *¡Buenos
días, mundo!* y a sus familias y comunidades la entusiasta
colaboración que prestaron. Encargamos a varios fotógrafos de todo el
mundo que visitaran a los ocho niños que protagonizan este libro y,
junto con los editores, deseamos manifestarles nuestro agradecimiento:

Julio Echart visitó el pueblo de Ludovico en Brasil para
conocer a Cidinha y a su familia.

Rajendra Shaw vive y trabaja en Hyderabad, en la India.
Se encargó de hacer las fotos de Shakeel.

Sarah Errington viajó hasta la Siberia occidental para ir a
ver a Sacha y a su familia, y después siguió viaje hasta el
pueblecito donde vive Anusibuno, en Ghana.

Penny Tweedie fotografió a Alexis y a sus amigos en
Alice Springs, Australia.

Sean Sprague fue a casa de Natali, en California, Estados
Unidos.

Jim Holmes se encargó de las fotografías de Linh en Ky
Anh, un pueblo de Vietnam.

Howard Davis hizo las fotografías de Paige en Brighton,
en el Reino Unido.

¡Buenos días, mundo!

Un día en la vida de niños de todo el mundo

BEATRICE HOLLYER

Introducción de Tony Robinson

Tengo una amiga que se llama Cidinha que parte centenares de cocos todos los días (son del tamaño de una manzana y su cáscara es dura como una piedra). Cuelgan de los árboles que crecen alrededor de su pueblo.

Cidinha tiene siete años. A lo mejor crees que es muy distinta a ti –y no me refiero a eso de los cocos–. Vive en una casa hecha con adobe y hojas. Duerme en una hamaca. No ha jugado nunca a ningún juego de ordenador y tampoco ha hecho nunca cola para entrar en el cine. Así que a lo mejor es muy distinta a ti, ¿verdad?

Bueno, puede que sí o puede que no. Tiene amigos (igual que tú) y juntos van a unos sitios muy especiales que ellos conocen y donde se explican sus secretos. Se sabe de memoria las canciones más modernas. A veces sus hermanos y hermanas mayores la riñen, y a ella le parece injusto tener que acostarse siempre antes que ellos. Más o menos lo que te pasa a ti, ¿no?

Y entonces, ¿por qué parte cocos? Pues porque en su pueblo todo el mundo lo hace. Antes de que naciera Cidinha, los campesinos intentaron que sus familias y amigos salieran del pueblo para tomar posesión de la tierra. A todos les daba mucho miedo; pero se mantuvieron firmes y se ayudaron mutuamente. Querían que su vida mejorara. Los cocoteros o babasús crecían por todas partes, y construyeron una fábrica donde el aceite que se extrae de las semillas que contienen estos cocos se utiliza para hacer jabón que después pueden vender. Cidinha se siente muy orgullosa de esa fábrica. Partir cocos es su manera de participar en la mejora del pueblo.

La verdad es que la vida de Cidinha es, en muchos aspectos, bastante diferente de la tuya, pero también es muy parecida. Y lo mismo pasa con todos los niños del mundo. A continuación te explicaremos ocho historias de niños de diferentes rincones de la Tierra. Habrá cosas de sus vidas que quizá te parezcan extrañas, pero recuerda que también tenéis algunas cosas en común. A todos les gusta irse a dormir tarde, a todos les encantan los caramelos, todos se quejan cuando no les dejan ir a jugar y a todos les riñen unas veinte veces al día. ¿A que en todo eso sí que os parecéis mucho?

Me llamo **PAIGE**.
Era el nombre de mi abuela y
también es el de mi madre.
Vivo en Brighton, en el
REINO UNIDO.

Me llamo **NATALI**, que significa «nacida en
Navidad». Mi apellido, Xoquiquetzal, es el
nombre de la diosa mexicana de la
primavera. Vivo en Berkeley, California, en
los **ESTADOS UNIDOS DE AMÉRICA**.

Me llamo Aparecida,
pero todos me llaman
CIDINHA. Vivo en
Ludovico, un pueblo
de **BRASIL**.

Me llamo **ANUSIBUNO**,
y mi nombre significa «cosas de
mi mano». Vivo en Zuo, un
pueblecito de **GHANA**.

mundo

Me llamo **SACHA**; es el diminutivo de Alexander, que significa «ganador». Vivo en Lekarstvnnoye, un pueblo de **RUSIA**.

Me llamo **LINH**. Primero nos ponemos el apellido y después el nombre, por eso mi nombre completo es Hoàng Xuan Linh. Vivo en Ky Anh, en **VIETNAM**.

Me llamo Mohammed Shakeel, pero todos me llaman **SHAKEEL**, que quiere decir "guapo". Vivo en Hyderabad, en la **INDIA**.

Me llamo **ALEXIS**. Mi apellido, Abala, es aborigen. Vivo en Alice Springs, en **AUSTRALIA**.

¡Arriba, es hora de levantarse!

Todos compartimos el momento de abrir los ojos al nuevo día. Pero lo que vemos, percibimos y sentimos a nuestro alrededor es diferente, según donde vivimos.

«Me gusta dormir en mi hamaca hasta tarde. Es tan cómoda que mamá tiene que zarandearme para que me despierte. En el cuarto donde duermo guardamos el arroz en grandes sacos». **Cidinha**

La casa de Alexis tiene cuatro habitaciones. Su cuarto tiene literas, y ella duerme en la de arriba. Cuando su madre la despierta, antes de bajar para ir a desayunar, se hace la cama.

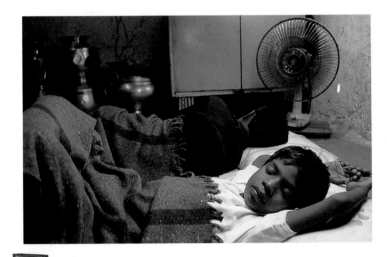

Shakeel y su hermano Shabeer duermen hasta que su madre les despierta. Su cama es un colchón en el suelo. El ventilador eléctrico les da aire fresco.

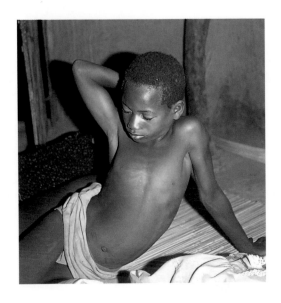

Cuando se despierta, Anusibuno se despereza en el colchón que comparte con su madre y otras cuatro hermanas. Cuando hace mucho calor, sacan el colchón y duermen fuera.

«Cuando me despierto, todavía es de noche y hace frío. Nuestro gato, *Pushok*, me da calorcito. Es como una manta peluda.»
Sacha

Natali se despierta sola con el despertador. Cuando ya tiene los ojos bien abiertos lee o juega a que su cama es un zoo, lleno de sus animales de peluche.

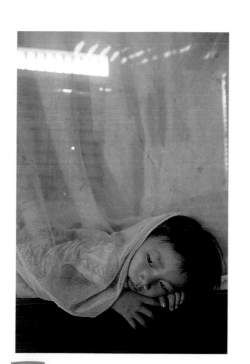

Cuando Linh se despierta, levanta la mosquitera que cubre la cama que comparte con su madre, su padre y su hermano. Duermen, comen y ven la televisión en la misma habitación.

Paige, cuando se despierta, mece a su mono de peluche. Las paredes de su habitación son rosas, su color preferido. Le gusta ver la televisión mientras sus padres todavía duermen.

¿Hay alguien más despierto?

Cuando nos levantamos, echamos un vistazo para ver quién más se ha levantado. Decimos «¡Buenos días!» a las personas y a los animales que viven con nosotros. En todo el mundo, los niños viven con sus padres, hermanas y hermanos, y, a veces, con los abuelos, los tíos o los primos. También forman parte de la familia animales pequeños y grandes.

Antes de que Shakeel se levante, su madre tiene que ir a por agua del grifo de la calle para que él y su padre puedan lavarse. Entonces ponen una mesita y un espejo en el patio que tienen en casa. Shakeel se cepilla los dientes mientras mira cómo se afeita su padre.

Los cerdos y las gallinas están impacientes esperando su desayuno cuando Cidinha se levanta. Su madre ha encendido el fuego, ha ido a buscar agua al pozo y ha preparado café para todos. Llama a Cidinha para que vaya a dar de comer a los animales. Su padre y su hermano ya se han ido a trabajar al campo.

A Alexis le gusta mirar todos los juguetes que tiene a los pies de la cama y juega haciendo ver que todos están esperando que se levante. Su madre está muy atareada preparando a sus cinco hermanos y hermanas para que vayan al colegio.

Todas las mañanas, Sacha se levanta muy pronto para ayudar a vestir a su hermanita Yulya y a preparar el desayuno. Su padrastro ya se ha ido a trabajar, y Sacha se siente muy orgulloso de ser el hombre de la casa y de ayudar a su madre y a su *babushka* (abuela en ruso) en todo lo que puede.

«Mi madre se levanta al amanecer porque tiene mucho que hacer antes de ir a trabajar al campo. Después se levanta mi padre y se va a trabajar, y nos deja más sitio en nuestra cama familiar. Cuando empiezo a hacer los deberes, mi hermano todavía está durmiendo.» **Linh**

★ **A** Natali y a su hermana mayor Ali les gusta pasar un rato en el baño cuando se levantan: se cepillan los dientes, charlan y se miran en el espejo. ¡A veces se olvidan de que sus padres y su tío también tienen que entrar!

🏠 «Yo soy la primera en levantarme y me tomo un zumo porque no puedo esperar a que se haga de día. Si papá y mamá todavía duermen, mi hermana y yo jugamos con mi hámster *Hamish*. Como es un animal nocturno, se pasa las noches despierto.» **Paige**

Anusibuno se levanta con sus padres, cuatro hermanas y veinticuatro parientes más. Comparten una serie de habitaciones en torno a un patio rodeado por un muro. Su padre y los demás hombres se levantan primero y dejan salir a los animales a pacer por la hierba hasta que se hace de noche.

El día empieza

Desde que se levantan hasta que se van a la escuela, todos los niños del mundo desayunan, se lavan, se cepillan los dientes y se visten. En los países calurosos, nos despertamos lavándonos con agua fría de un cubo y luego nos vestimos con unos pantalones cortos. En los sitios donde hace frío, se tarda más: a nadie le apetece salir de la cama calentita y hay que vestirse con muchas capas de ropa para enfrentarse al frío que hace fuera.

«Me ducho, me visto y me preparo el desayuno –cereales, zumo de naranja y yogur–, y me lo como con mis hermanas. Mi hermano pequeño todavía duerme y el mayor ya se ha marchado a la escuela en bicicleta.» Cuando Alexis sale de casa, se tiene que acordar de ponerse el sombrero para protegerse del sol abrasador.

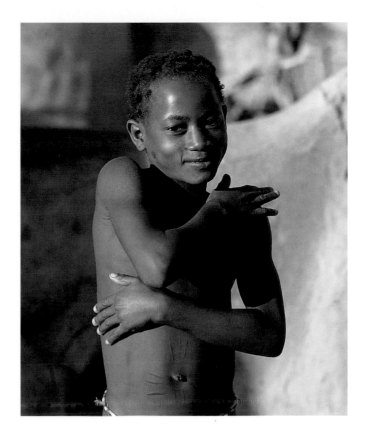

Anusibuno se lava con el agua que ha traído del pozo. Después se unta la piel con manteca de karité para protegerse del viento y del sol. Le gustaría mucho ponerse ropa de muchos colores, pero sólo tiene una falda y una camiseta, que se pone todos los días para ir a la escuela. Para desayunar, toma *pumpuka*, una pasta de mijo, a veces acompañada de pescado ahumado y especias.

Los días de escuela, Paige prepara el desayuno para ella y su hermana. Suelen comer cereales variados y también tostadas con mantequilla de cacahuete. Después de desayunar, Paige se cepilla los dientes y escoge la ropa que le apetece ponerse.

Sacha hierve agua para el té mientras su madre fríe patatas. De vez en cuando, como algo especial, toma leche, pan y mantequilla para desayunar. Antes de salir a la nieve, se tiene que poner otro jersey, una chaqueta y pantalones forrados, botas de fieltro, guantes, bufanda y un gorro de piel.

«Para desayunar comemos *parathas*, un pan frito, y bebemos té (¡en el mío me pongo mucho azúcar!). Nos lo comemos en el patio, delante de la cocina. Luego, Ammy (mamá) me ayuda a prepararme para ir a la escuela. Me gusta estrenar ropa, y espero ilusionado los días de fiesta porque nos regalan ropa.» **Shakeel**

Cidinha se lava con jabón hecho de cocos de babasú. Saca el agua de un pozo muy hondo. Tiene un poco de tierra, pero es suave y fresca. Después de la ducha con el cubo de agua, se toma un café mezclado con harina de mandioca, que es la raíz de la planta del mismo nombre. Desayuna dentro de casa porque fuera hace mucho calor y hay mucho polvo.

«Muchas veces me pongo mi jersey preferido, el que me pasó Ali. Los perros que tiene dibujados me recuerdan al perro de mis abuelos, *Farley*. Ali me deja sus pendientes y me ayuda a ponérmelos. Cuando ya estoy vestida, desayuno, normalmente pan tostado y cereales.» **Natali**

Cuando ha terminado de hacer sus deberes, Linh lava arroz para que su madre lo hierva con pescado y verduras para desayunar. Cuando termina el desayuno, se cepilla los dientes sentado sobre el muro que hay fuera de su casa, desde donde puede ver lo que hacen todos.

¡A la escuela!

Cuando vamos a la escuela, dejamos atrás casa y familia para ir a un lugar donde encontramos niños de nuestra misma edad. Según donde vivamos, nuestro trayecto hasta la escuela puede ser distinto. Para algunos consiste en una larga caminata, durante la que hay tiempo para jugar; para otros es un rato en autobús, en tren o en coche.

El tío de Natali la acompaña a la escuela a pie. Si llueve, van en coche. Cuando empiezan las clases, cierran la puerta de la escuela para que los niños no corran ningún peligro.

«La escuela está a dos minutos de casa. ¡Mamá tarda más en meternos a todos en el coche que en llegar a la escuela!» **Alexis**

Linh va a la escuela al mediodía, el momento más caluroso del día. Siempre se acuerda de coger la cartera, pero a veces se olvida del sombrero.

Anusibuno reparte entre los demás niños una bolsa de frutos secos durante la caminata de media hora que les separa de la escuela. Les gusta pararse junto a la bomba de agua a charlar, hasta que los mayores les gritan: ¡Vamos, que es tarde!

«Yo voy a la escuela en el *autorickshaw* de mi padre, un taxi de tres ruedas. Por el camino veo muchos monos.» **Shakeel**

«Voy solo a la escuela. Las calles están silenciosas y son muy bonitas. Me gusta mirar las casas pintadas de distintos colores –rojo, amarillo y verde– y me doy cuenta de lo bonitas que son.» **Sacha**

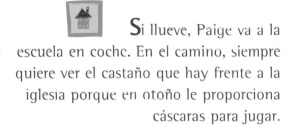

Si llueve, Paige va a la escuela en coche. En el camino, siempre quiere ver el castaño que hay frente a la iglesia porque en otoño le proporciona cáscaras para jugar.

La casa de Cidinha está entre la tienda del pueblo y una explanada en la que los niños juegan a fútbol. Para ir a la escuela sólo tiene que andar un poco sin dejar la carretera, roja y polvorienta.

En la escuela

La escuela es importante en todo el mundo. Mientras nosotros nos enteramos de cosas de niños de otros países, ellos se enteran de cosas sobre nosotros. Las escuelas pueden tener un montón de aulas, de libros y de equipamientos e incluso patio, pero las clases también se pueden hacer bajo los árboles.

«Mientras nosotros aprendemos a saber cuánto pesan las cosas, otros niños leen y dibujan.» Paige y sus amigos empezaron la escuela en el parvulario cuando tenían tres años.

«Me gusta llevar esta ropa porque así se sabe que voy a la escuela. No todo el mundo puede ir, y por eso, cuando aprendo a escribir una palabra nueva, estoy muy contenta.»
Cidinha

Los niños de Vietnam tienen que repartirse la jornada escolar porque no hay suficientes escuelas ni profesores: Linh va a la escuela por la tarde. Cuando llega, hace unos ejercicios que se llaman *duc* con los demás niños de la escuela bajo la sombra de los árboles plantados por ellos mismos.

Linh y sus amigos plantan y riegan árboles nuevos para que den sombra y protejan el suelo de la erosión que causan las lluvias.

«Me gusta llegar el primero a clase y sorprender a los otros niños. Hoy sólo hemos venido nueve porque para algunos hace demasiado frío para salir de casa. ¡La temperatura en el exterior es de 42 grados bajo cero! Hoy estudiamos el alfabeto cirílico.» **Sacha**

«Jordan, mi mejor amigo, y yo hablamos con otros niños de Australia a través de Internet. A veces también jugamos con juegos de ordenador.» **Alexis**

En la escuela, a Anusibuno le llaman Mary, igual que su maestra. Antes de que empiecen las clases, ayuda a barrer las aulas. Comparten la clase con niños más pequeños, así que están bastante apretados. A veces sus amigas no van a la escuela porque tienen que ayudar a sus padres en casa.

En la escuela de Natali, los niños trabajan solos, sentados por grupos en mesas separadas. El maestro les atiende de uno en uno. Cada niño tiene una caja con su nombre en la que guarda sus trabajos, lápices y bolígrafos. A Natali le gusta leer en silencio y escribir historias.

Shakeel lleva un uniforme azul marino y blanco. Como hace calor y hay mucho polvo, los niños van descalzos. La maestra viste el sari tradicional. En la clase de dibujo, la maestra se sienta con las piernas cruzadas sobre una alfombrilla, como ellos. Shakeel imprime dibujos con una hortaliza que se llama ocra. Luego decora el dibujo con lentejas secas.

¡Al recreo!

Los niños de todo el mundo utilizan todo lo que encuentran para inventarse juegos, poner en práctica nuevas ideas, fabricar sus propios juguetes y divertirse. Hay niños que tienen que trabajar mucho para ayudar a su familia. Otros tienen muchos deberes. ¡Pero siempre queda tiempo para jugar!

En Ludovico, donde vive Cidinha, hace mucho calor y es un pueblo polvoriento y seco. Sólo tiene una calle, en la que se alinean las casas de adobe. Cuando Cidinha y sus amigas juegan a fútbol o a su juego favorito, el *elastico*, levantan nubes de polvo rojizo. Se refrescan en el lago, nadando y salpicándose durante horas. No tienen ningún juguete, pero no hay nada mejor que una vieja rueda de bicicleta.

«Juego con mis hermanas y mis primos. Vivimos dieciocho niños en la misma casa, y, claro, siempre hay alguno dispuesto a divertirse. Dibujamos cuadros en el suelo para jugar a la rayuela y hacemos juguetes y figuras de barro. Las dejamos al sol para que se sequen y luego jugamos con ellas.» **Anusibuno**

Quiero mucho a *Hamish*, mi hámster. También tenemos dos pececitos: «*Freddie* es el mío y *Bug* el de mi hermana Bobbie.» A Paige también le gusta dibujar. Las paredes de la cocina están llenas de sus dibujos.

Shakeel dibuja en el suelo seco y arenoso pistas para sus canicas. Sus amigos llevan unas túnicas largas de algodón muy frescas que se llaman *kurta*.

Como muchos niños del Vietnam rural, Linh no tiene juguetes, pero él mismo se inventa los juegos. Su favorito es el *vong*: cada jugador coge una goma elástica para lanzar piedras a una diana. El ganador (el que da en el objetivo) se queda con las gomas.

«Yo hago casas en la nieve. Si trabajo sin parar desde la mañana hasta que oscurece, puedo terminar una en un solo día. Aliso las paredes, por dentro y por fuera. Si la nieve está húmeda y pegajosa, hago mesitas, camas y sillas.» **Sacha**

⭐ Natali estudia piano con su madre todas las tardes al volver de la escuela. Le gusta tocar, pero preferiría leer o ver un vídeo comiéndose una pizza. Tiene muchos juguetes, juegos y libros. El que lee estos días se titula *California girl*.

☀ En Alice Springs, donde vive Alexis, el sol quema como una brasa ardiente. Después de la escuela, ella y sus amigas van en bicicleta a la piscina o a jugar a baloncesto. A Alexis también le gusta ver la tele y escuchar música.

Ayudamos en casa

Compartir la vida con las personas que nos rodean significa ayudarnos mutuamente de muchas maneras. Realizar trabajos concretos para nuestra familia es una parte importante de hacerse mayor. Poner la mesa, ordenar los juguetes o atender a los animales: no importa, siempre es divertido compartir las tareas de la casa.

«Todos los días barro las habitaciones y enciendo el fuego. A mi hermana y a mí nos gusta lavar los cacharros y los platos porque cuando al terminar vuelven a estar listos para los invitados, se dan cuenta de que ayudamos a nuestra madre, y eso nos hace sentir orgullosas.» **Anusibuno**

Cada dos días, Sacha y su hermano Vanya van a buscar agua al pozo. Tiran de los pesados recipientes con un trineo. Sacha también quita la nieve del camino, va a buscar leña para el fuego y ayuda a preparar la comida. Le salen deliciosas unas albóndigas de carne llamadas *pelmeni*.

El trabajo preferido de Paige es limpiar la jaula de su hámster. «Me gusta cuidar a *Hamish*: le cambio el serrín y le pongo agua limpia. El trabajo que más me gusta es ordenar mis juguetes y la ropa porque para hacerlo tengo que subir a mi habitación y ¡hay muchas escaleras!»

Shakeel ayuda a su madre a preparar un pan sin levadura llamado *chapati*. También ayuda a su padre a hacer reparaciones en la casa cuando es necesario. Pero su verdadero trabajo es dar de comer a las cabras y ordeñarlas. Cuando sea mayor, le gustaría ir a comprar y llevarle a su madre los pesados cestos.

Linh se encarga de dar arroz a las gallinas dos veces al día. Su familia también tiene cerdos, pero Linh procura no acercarse mucho a ellos porque no le gusta nada el ruido que hacen.

«Lo que más me gusta es cocinar. Lo mezclo todo y después chupo la cuchara. Me lo paso muy bien, pero lo que no me gusta es tener que ordenarlo todo cuando termino.» **Natali**

Alexis ayuda a separar la ropa sucia: hace un montón con la ropa de color y otro con la ropa blanca. La mete en la lavadora y luego la tiende al sol para que se seque.

Cidinha ayuda a su madre a partir cocos de babasú. El aceite que contienen sus semillas es muy valioso porque con él puede hacerse jabón y después venderlo. En la tienda del pueblo, Cidinha puede cambiar los cocos que parte por un lápiz nuevo o por una libreta.

¡A comer!

Cada lugar del mundo tiene sus platos característicos y diferentes maneras de prepararlos y comerlos, lo cual forma parte de su historia. Algunos de nosotros podemos elegir entre varias clases de comida; otros se puede decir que comen lo mismo todos los días y apenas prueban caramelos o dulces alguna vez. En todo el mundo a los niños les gusta comer porque los alimentos tienen buen sabor y les ayudan a crecer y a estar fuertes.

En la familia de Sacha, la comida principal u *obed*, se hace por la tarde. De primero comen sopa de verduras cultivadas por ellos mismos en el huerto de casa, y de segundo, pescado adobado, jamón, tomates rellenos y pasteles. Tienen que comer mucho para conservar el calor en medio de un clima tan frío. La comida preferida de Sacha es el *borsch*, una sopa de acelgas.

En Vietnam, no hay ni un niño que no sepa comer con palillos. La cena se llama *bua toi*. El alimento principal es el arroz, que se sirve acompañado de platillos de pescado y verduras. La familia de Linh cultiva arroz y verduras en su propio campo. De vez en cuando compran cerdo –el plato favorito de Linh– a su vecino.

La familia de Cidinha y los vecinos se amontonan en la salita para ver la tele mientras cenan. En su lengua, llaman *janta* a la cena y comen alubias y arroz, guisados con cebollas tiernas y cilantro que cogen de su propio huerto. La carne es de las gallinas y los cerdos que tienen en casa. A veces comen pescado, que el padre y los hermanos de Cidinha pescan en el lago.

Anusibuno come un puré de harina de maíz o de mijo en todas las comidas. Ella y sus hermanas se sientan fuera, y comen cogiendo la comida con los dedos de una mano y compartiendo el mismo cuenco. A ella le gusta el *bito*, una sopa hecha de verdura y nueces que cultivan en su casa.

Una vez a la semana, Paige come su plato preferido: carne o pollo asados con patatas y verduras. Otras veces come pasta con salsa de atún, pescado frito o ensaladas. Cuando Paige invita a las amigas de la escuela a tomar el té en su casa, comen galletas de chocolate.

Shakeel parte *chapatis* –un pan blando y plano– en trocitos y con ellos rebaña el arroz con *dal*, un guiso de lentejas estofadas. La mayoría de los días su madre prepara verduras con una salsa de curry picante. Shakeel espera ilusionado los domingos porque comen *gosth*, un plato de carne con curry.

«Los viernes por la tarde voy a casa de mi abuela a tomar el té con todos mis primos. Para cenar preparamos pasta y hacemos una barbacoa en el jardín. Mi comida preferida son las hamburguesas. Los viernes nos las dan para comer en la escuela y en casa las comemos una vez a la semana.» **Alexis**

A Natali le gustan las ensaladas de fruta y hortalizas que crecen en la soleada y calurosa California. Cada miembro de la familia puede elegir el acompañamiento de ensalada que más le guste y también leche o zumo de fruta para beber. Una vez al mes, como algo especial, la madre de Natali compra pizza por teléfono.

¡Vamos a la cama!

Por la noche, cuando todo reposa, nosotros también descansamos: mientras dormimos es como si fabricáramos energía para podernos levantar al día siguiente bien despiertos. A medida que se va acercando la noche, empezamos a sentirnos cansados y no importa que durmamos en un colchón, en una hamaca, en una litera o en una cama familiar.

«Figura que soy un marciano cuando llevo el pijama plateado que me hizo mamá. Antes de dormirme, mamá me bendice y me da un beso.» **Sacha**

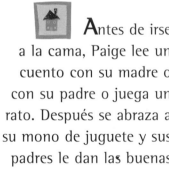

Antes de irse a la cama, Paige lee un cuento con su madre o con su padre o juega un rato. Después se abraza a su mono de juguete y sus padres le dan las buenas noches.

Shakeel se acuesta escuchando los cuentos que lee su hermana o mirando la tele. Tiene una almohada muy especial y no le gusta que la use nadie más.

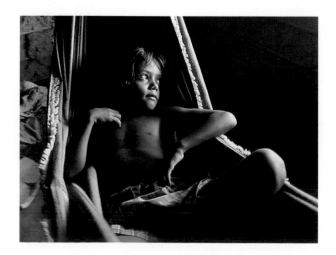

Como por la noche hace calor, muchas veces Cidinha duerme sólo con unos pantalones cortos. Antes de acostarse, su hermana o su madre le leen un poco o bien repasan los deberes de la escuela.

«Cuando mis padres ya me han dado el beso de buenas noches, me voy a la cama con el oso de peluche más suave de todos, *Chester Junior*.» A Natali le gusta dormir con un montón de juguetes y de fotos esparcidos por la cama.

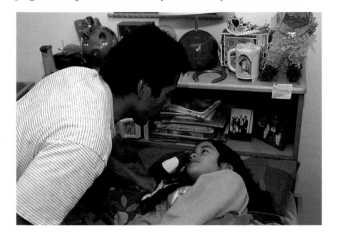

Alexis se acuesta tarde. «Algunas noches me ducho, después leo cómics antes de que mamá venga a abrazarme y a darme un beso.»

«Me voy a la cama cuando oscurece y las ranas empiezan a croar. Lo último que hago es coger la almohada y bajar la mosquitera. Sólo necesitamos la manta al amanecer, porque refresca un poco.» **Linh**

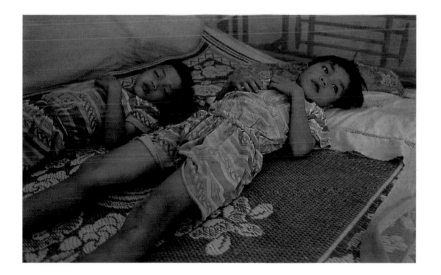

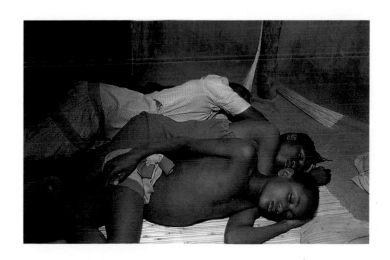

Después de cenar, mis hermanas van a buscar el colchón. Nos explicamos historias y cantamos canciones a oscuras. Me gusta escuchar el ruido de los animales y las personas; después me duermo.» **Anusibuno**

La hora de los sueños

Cuando soñamos de noche, nuestros sueños nos transportan a lugares diferentes de los cotidianos y entonces, mientras dormimos, nos explicamos historias a nosotros mismos. Cuando soñamos de día, expresamos lo que nos gustaría que pasara cuando estamos despiertos: tener un mundo en paz, viajar a la luna, ir a pasar el día a la playa o tener un juguete nuevo. Sobre todo nos preguntamos qué seremos cuando seamos mayores y soñamos co lo que haremos el día de mañana.

«Mi sueño es ser veterinaria y tener un caballo. Quiero viajar por todo el mundo para ver los diferentes animales que viven en lugares lejanos. Quizás el mundo haya cambiado mucho cuando yo sea mayor, pero a mi siempre me gustarán los animales.» **Paige**

«En mis sueños, me meto dentro de las historias que he leído o que he visto en la tele. Me convierto en una princesa o en el personaje de una película. Cuando sea mayor, me gustaría ser como Pocahontas, fuerte y rápida, valiente y fiel.» **Natali**

«Nunca me acuerdo de lo que he soñado mientras dormía, pero cuando estoy despierto, haga lo que haga, sueño que tengo una bicicleta nueva con unos guardabarros relucientes y unos frenos que funcionan.» **Shakeel**

«En mi sueño nuestra casa se convierte en el Reino de la Felicidad, mamá es la reina, mi hermana, una princesa y mi hermano, un príncipe. Yo soy el que manda en el reino. Hay un pájaro de fuego con plumas resplandecientes que brillan de noche.» **Sacha**

«Un día me gustaría llegar a ser una cantante y bailarina famosa. De momento, me gustaría tener una muñeca. A veces sueño que estoy sentada a la sombra junto al pozo jugando con una muñeca; a veces sueño con el mar.» **Cidinha**

«Muchas veces sueño que me presentan a los componentes de mi conjunto preferido. Cantan para mí y charlamos. En la vida real, cuando sea mayor, viajaré por todo el mundo y escucharé música allí donde vaya.» **Alexis**

«Sueño con el día en que nuestra casa esté terminada. Cuando sea mayor, quiero construir casas, como hace mi padre. La gente me pagará para que las construya, y con el dinero que me den edificaré una casa para mi familia.» **Linh**

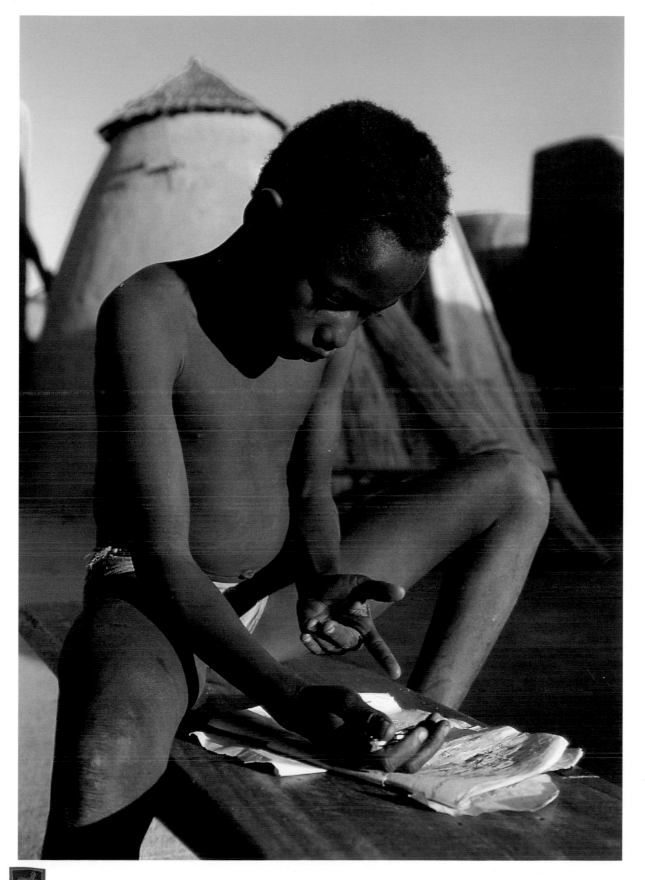

«Mi sueño es ser maestra cuando sea mayor, o a lo mejor fotógrafa. Me gustaría fotografiar a gente corriente haciendo su trabajo cotidiano, y a los niños mientras juegan.» **Anusibuno.**

Ghana

Anusibuno vive en Ghana, en la costa occidental de África, el segundo continente más grande del mundo. En el sur de Ghana hay ciudades, bosques y cultivos. La capital, Acra, es moderna y ajetreada. El norte, donde está el pueblo de Anusibuno, es polvoriento y seco. Allí vive muy poca gente, la vida pasa sin tantas prisas y las costumbres son más tradicionales. Muchas personas tienen que ir a buscar el agua al surtidor del pueblo, en vez de electricidad usan lámparas de queroseno y cocinan en fogones de leña. En la casa de Anusibuno todos participan en las tareas domésticas: los niños ayudan a moler mijo y maíz para preparar purés y se ocupan del cuidado de los animales.

Anusibuno en la escuela tiene un nombre inglés. Habla esta lengua tan bien como la propia, el kasenanankani, porque Ghana, hace tiempo, estuvo gobernada por los ingleses. Hoy en día todos los países de África son independientes.

India

Shakeel vive en Hyderabad, en la India, el segundo país más poblado del mundo después de China. Hyderabad es una ciudad calurosa, seca y polvorienta, pero en la India hay otras zonas que son verdes y frondosas.

La India tiene partes modernas, con muchas fábricas en las que se fabrican ordenadores, coches y aparatos electrónicos. Las ciudades más grandes son Calcuta, Nueva Delhi y Bombay, donde vive muchísima gente. Aun así, tres cuartas partes de la población trabajan fuera de la ciudad, en el campo, cultivando la mayor parte del té y el algodón que se consume en el mundo.

Las antiguas tradiciones y las costumbres de las diferentes religiones –islamismo, hinduismo, sijismo, cristianismo y budismo– forman parte de la vida cotidiana de la mayoría de los indios. Shakeel es musulmán. Habla urdu, una de las diecisiete lenguas que se hablan en la India. Las más habladas son el hindi y el inglés.

Rusia

Sacha vive en Siberia, que ocupa una gran parte de Rusia, la nación más grande del mundo. Aunque Siberia cubra una zona muy grande, no vive mucha gente, debido a sus rigurosos inviernos. El norte de Siberia se encuentra dentro del Círculo Polar Ártico, no muy lejos del Polo Norte. En algunos sitios la nieve no llega a deshacerse nunca y hasta el mar se hiela.

En verano, la gente pasa mucho tiempo fuera. Cultivan verduras y cereales en sus huertos. El pueblo de Sacha es famoso por sus cultivos de flores de camomila, que Sacha ayuda a recolectar; con ellas hacen té y medicinas que luego pueden vender.

Muchos siberianos trabajan en las minas de carbón o bien con la madera de los bosques. Otros van a buscar un empleo a la ciudad. El padrastro de Sacha trabaja en Novosibirsk, la capital de Siberia.

Australia

Alexis vive en Alice Springs, en Australia, el único país que al mismo tiempo es un continente. Australia es un país enorme lleno de animales, como el koala y los canguros, que no se encuentran en ningún otro lugar del mundo.

Los primeros australianos eran aborígenes, como el padre y la abuela de Alexis. En el último siglo, se ha instalado gente de Asia y de Europa. Acuden atraídos por un clima soleado que permite pasar mucho tiempo fuera: ir a la playa, comer en el campo y hacer barbacoas.

La mayor parte de la gente vive en la costa y alrededor de las grandes ciudades: Canberra (la capital), Sidney, Perth y Melbourne. Alice Springs está en la parte más remota de Australia, una región llana, calurosa, seca y semidesértica en el centro del país. Lo más conocido de la Australia central es Ayers Rock. Gentes de todo el mundo van a ver esta enorme protuberancia de roca roja que se levanta en medio del desierto.